DES

COURSES ET COMBATS DE TAUREAUX

DANS LE MIDI DE LA FRANCE

PAR TIMON L'ATHÉNIEN

Ouvrage couronné par la Société protectrice des Animaux à Paris.

> O Athéniens ! je possède dans mon jardin un figuier auquel plusieurs de vous se sont déjà pendus. Si quelque retardataire veut en profiter, qu'il se hâte : je l'arrache demain.
>
> *(Épitre de Timon aux Athéniens.)*

AVIGNON
TYPOGRAPHIE ET LITHOGRAPHIE Veuve A. BONNET FILS
1868

DES

COURSES ET COMBATS
DE TAUREAUX

DANS LE MIDI DE LA FRANCE

PAR TIMON L'ATHÉNIEN

Ouvrage couronné par la Société protectrice des Animaux à Paris.

> O Athéniens ! je possède dans mon jardin un figuier auquel plusieurs de vous se sont déjà pendus. Si quelque retardataire veut en profiter, qu'il se hâte : je l'arrache demain.
>
> *(Épître de Timon aux Athéniens.)*

AVIGNON

TYPOGRAPHIE ET LITHOGRAPHIE Vve A. BONNET FILS

1868

DES

COURSES ET COMBATS DE TAUREAUX

DANS LE MIDI DE LA FRANCE.

I

C'est un tournoi, une charge à fond que nous voulons entreprendre contre ces jeux si répandus dans la France méridionale ; — qui, depuis Bayonne où se reflètent les goûts de la Péninsule, jusque sous les murs de la vieille cité romaine dont les arènes suintent le sang des martyrs, nous offre périodiquement des spectacles sauvages et dégoûtants. Mais serons-nous vainqueurs ?... Nos armes sont faibles, mal trempées ; jouets d'enfant ; — une plume ! un candide cœur !... une fronde contre une massue.... Dans notre camp brilleront pourtant de nobles écharpes ; de courageuses bannières se lèveront auprès de la nôtre ; les sympathies des femmes, dont l'influence est si grande, nous soutiendront ; et puis, l'intelligence, la civilisation, le bon goût viendront à notre aide. Mais de l'autre... Ah ! dans l'autre camp il y a la foule, le tumulte, les frémissements, les hourrahs frénétiques qui viennent exalter le courage, il y a l'entraînement d'un spectacle plein d'émotion et de péripéties, des combattants énergiques, des luttes sanglantes, de beaux gladiateurs, des victoires. Ah ! ah !... Pourrons-nous espérer d'être seulement écouté ? — Sonnez pourtant, hérauts ! qui savez proclamer aussi bien les triomphes de la bataille que les douceurs de la paix ; sonnez pour le bachelier qui met les plaisirs de l'intelligence avant ceux de la matière ; qui, rappelant à la foule les jeux émouvants des cirques d'Athènes où l'on exaltait la gloire des dieux et de la patrie, veut refouler jusque dans leur caverne des jeux irritants légués par des époques d'ignorance et de barbarie. Sonnez, hérauts, sonnez toutes vos trompettes ! D'où viennent-ils donc ces spectacles qui gardent encore le privilége d'émouvoir toute une contrée ? Nous savons tous la source de l'opéra, du drame, du vaudeville, de tous ces jeux charmants de Thalie qui, depuis leur naissance jusqu'à nos jours, ont délassé l'esprit, reculé les limites de l'intelligence, vanté les triomphes de la patrie, châtié les mœurs. Mais ces combats de taureaux, ces courses qui attirent après elles le deuil et la mort ; qui paraissent aujourd'hui comme une tache parmi les mœurs élégantes de notre époque, quelle est leur source, leur origine, leur point de départ ? Nous allons tenter de les chercher et de les connaître.

Peut-être nous faut-il monter un peu haut, vers

des époques reculées. Ce spectacle est tellement implanté dans les mœurs de certaines contrées méridionales, de père en fils, de tradition en tradition; il est si bien attaché au sol, que naïvement certains attardés taurophiles, quelques *aficionados* campagnards le croient venu au monde avec sa création. Les taureaux sont pour eux un article de foi. Il n'est pourtant pas, nous le croyons, d'une origine aussi ancienne ni aussi mystérieuse. A la conquête des Gaules par Jules César, il n'est question nulle part de ces jeux dans ses Commentaires. Les populations de la Narbonaise ne connaissaient d'autres divertissements publics que les jeux militaires, et peu encore. Plus tard, quand la province entière fut devenue romaine, dans les amphithéâtres que nous a légués cette époque, il ne fut jamais donné en spectacle une course de taureaux. C'était bien mieux, morbleu !... des hommes, des chrétiens défendant leur vie contre les tigres et les lions. Quels jeux émouvants ! une religion de paix a biffé depuis longtemps ces horribles traces du paganisme.

Il est donc plus rationnel, plus logique, ce nous semble, de rattacher l'origine des premiers combats de taureaux à l'invasion des Maures et des Sarrasins, vers le IXe et le Xe siècle. Ce furent eux qui, selon toute probabilité, après avoir introduit cette coutume en Espagne, la fondèrent en France après la conquête de ses provinces méridionales. Ce devait être alors un spectacle bien fulminant. De farouches conquérants, abusant peut-être du caractère guerrier des populations qu'ils avaient vaincues, leur offrirent ces images de guerre et de combats qui devaient flatter leur passion la plus prononcée. Le goût dut facilement en être inspiré. Nulle part, néanmoins, on ne rencontre aucun détail précis sur l'origine de ces luttes sauvages. Ni les archives communales, non plus que les chroniques des municipes ou les histoires les plus reculées du Languedoc, n'en font la moindre mention. On ne connaît aucun rapport officiel, aucun document, aucune pièce à peu près historique qui puisse nous dire le commencement de ces sortes de spectacles. Il reste donc à peu près prouvé que nous les devons à l'invasion des Arabes. Après les avoir introduits en Espagne, ils durent facilement les implanter sur certains points de la Gaule Narbonaise, mieux que d'autres appropriés à ces violents exercices.

II.

En effet, sur les bords de la mer, depuis la pastorale Camargue, où paissent toute l'année d'innombrables troupeaux, jusques aux sables des Landes, en suivant le littoral des marais, on remarque une quantité si considérable de taureaux, que l'on comprend facilement qu'on ait cherché à les approprier à des scènes publiques. L'on peut dire sans exagération, d'après le même relevé des géographes et des statisticiens, que leur nombre dans l'île de la Camargue seulement dépasse vingt mille, tous vivant en liberté sous un ciel serein, parmi d'abondants pâturages, et faisant bon ménage autant avec leurs gardiens qu'avec les chevaux mi-sauvages qui sont à la fois leurs compagnons et leurs guides. Dans la croisade que nous voulons entreprendre, il nous conviendra de parler particulièrement des bœufs de la Camargue, de tous ceux qui vivent sur les bords des marais, depuis les îles des Saintes-Maries jusques à Aiguesmortes ; de dire leurs habitudes, leurs mœurs, l'appropriation qu'on pourrait en faire à l'agriculture comme à la boucherie, et de les distinguer des bœufs et des vaches des Landes et des Pyrénées, dont la nature est différente, bien qu'appartenant à la même famille. A chaque race, nous réservons une polémique particulière.

C'est un émouvant spectacle, croyez-le, dans une belle matinée d'avril, quand la nature se réveille, que les saules commencent à fleurir, les oiselets à gazouiller, de voir parmi ces plaines et ces marais qui s'étendent jusqu'à la mer, ces innombrables taureaux paître en liberté dans ces immenses pâturages. Ils ont tous le même uniforme : noirs comme les démons fantastiques de la légende. Leur tête altière s'élève parfois au milieu du troupeau comme pour menacer quiconque oserait les attaquer ou les déranger. Ils sont fiers, ils sont beaux ; c'est l'état sauvage dans sa pureté, dans sa native majesté. Et pourtant, quand ils sont ainsi groupés les uns contre les autres, s'il arrive qu'un enfant, un gardien, un curieux, veuille les approcher, soit pour les examiner de plus près, soit pour atteindre un point opposé à la prairie, ces animaux, qui semblent si mutins, s'écartent timidement sur un simple geste pour leur donner passage. Pour tempérer la couleur de cette espèce de nuage noir qui semble s'être abattu sur ces prés, on voit à leurs côtés, paissant ensemble et faisant bon ménage, de nombreux troupeaux de chevaux camargues, tous blancs comme neige et contrastant d'une façon tranchée avec leurs noirs compagnons. Les uns et les autres ont pour serviteurs et gardiens de rudes pasteurs qui ne connaissent pour la plupart que le Mas qui les a vus naître, les prés qui les ont vus gambader enfants, et l'horizon qui borne ces marécages, espèce rare de bergers qui fut inconnue à Théocrite, à Virgile, à Berghein ; elleécou lesa rude existence parmi les contemplations de ces solitudes. Comme on le pense bien, ce ne sont pas les jeux de Tityre ou de Mélibée qui viennent leur offrir quelques délassements. Oh ! non. Mais on les voit collés sur leurs petits chevaux camargues à la façon d'un centaure antique, s'exercer à la course, poursuivre les taureaux ou les chevaux qui s'écartent, les conduire ensemble à la prochaine rivière, ou bien, à la façon arabe, se livrer à quelque *fantasia* délirante. Ils sont, en vérité, à l'état mi-sauvage. Aussi, lorsque les plus anciens (ce sont toujours les vétérans qui sortent) vont au dehors conduire un groupe de leurs animaux pour l'amusement de la multitude, on dirait un escouade de Scythes échappés du fond de leurs steppes. Mais ils brillent par leur courage. Nous en parlerons en son lieu. Nos peintres et nos touristes courent beaucoup au dehors pour y chercher des inspirations, des figures à caractère, des scènes sauvages et inédites, de poignantes émotions. Sacrebleu ! qu'ils viennent un jour étudier les tableaux que nous signalons : ils pourront offrir des pages appétissantes à leur école et à leurs lecteurs. En effet, rien n'est beau comme *la Palun* à l'époque où le printemps renaît. Tout verdoie dans cette savane transportée comme par enchantement des bords du Meschascébé jusques sur les rivages de la Méditerranée. Le soleil y répand ses rayons les plus lumineux ; le saule porte au loin le parfum de ses bourgeons naissants; le tamarin colore la scène de sa perpétuelle et mélancolique verdure ; le canard sauvage, le flamand rouge, la sarcelle animent ces solitudes par leurs troupes nombreuses, et la mer au lointain, par ses grondements prolongés, ajoute son puissant concert à toutes ces harmonies.

C'est parmi de si belles conditions, quand le sang et l'amour renaissent au cœur des hommes comme dans celui des animaux, que les propriétaires de ces nombreux taureaux songent à les parquer, nous voulons dire à les séparer les uns des autres, afin de leur imprimer la marque de leur nom. Tous les bœufs, pendant tout le courant de l'année, ne forment à peu près qu'un troupeau. Ils se mêlent, ils se croisent, ils multiplient comme les enfants de la nature, sans autre souci que de venir au monde, téter, paître, grandir et beugler. Mais, halte-là ! le maître est là qui surveille son bien. La propriété domine ces noirs troupeaux, comme l'esprit de Dieu surnageait sur les eaux du déluge. A la façon du patron dans les colonies, il faut qu'il reconnaisse son esclave, sa chose à lui, ce qui lui appartient. Or, dans cette immense famille où chaque noir animal ne reconnaît pour maître que Dieu, les gardiens ont bien le soin de constater le bien de chacun à la naissance de chaque nouveau venu ; et quand les veaux ont grandi, qu'ils sont devenus adultes, pouvant revêtir la robe *prétexte*, alors on songe à leur donner un droit social, en les marquant des initiales de leur heureux propriétaire C'est ce qu'on appelle une *ferrado*, nom qui, dans nos contrées, fait naître tout de suite des ferments de plaisir, de fêtes, d'assemblées, dans lesquelles le courage et l'adresse espèrent bien avoir une occasion de briller. C'est un véritable tournoi champêtre qui vaut la peine qu'on en parle et qu'on le dépeigne.

III.

Nous l'avons dit, c'est ordinairement à l'ouverture du printemps, quelquefois au commencement de l'automne, que la grande fête est annoncée, soit à son de trompe dans les heureuses localités qui peuvent par leur voisinage profiter du spectacle, soit par les organes de la publicité ; le champ-clos sera l'immense pré des *mauvinèdes*, le pré des *quarante*, le *daladel*, une prairie de la Camargue, ou quelques terrains sablonneux de la mélancolique Aiguesmortes, tous lieux parfaitement appropriés à ce genre de spectacle. Nous parlons ici des taureaux méditerranéens, nous réservant d'accorder plus tard un chapitre spécial à ceux qui paissent dans les sables des Landes.

A l'extrémité de la prairie ou de la plaine, vous voyez s'élever un amphithéâtre ordinairement formé de grosses charrettes ou de tombereaux enchevêtrés les uns dans les autres. Tout autour, et comme formant un hémicycle ou demi-cercle, on remarque une suite de trèteaux soutenus par de vieilles barriques, de mauvaises planches, même de quelques coucous honteux. Mais tout cela est couvert et relevé d'une foule nombreuse, endimanchée, insouciante, rieuse, impatiente surtout, et qui mêle ses chansons, ses lazzis, sa gaîté aux sons prolongés des tambourins et des hautbois. Nous devons ajouter que la plus belle moitié du genre humain, les femmes, voulons-nous dire, y sont nombreuses, et qu'avant le spectacle, profitant lestement de la toile baissée, il y a des quadrilles et des polkas de tout genre qui donnent une couleur charmante à cette dangereuse avant-scène. Car, à quelques pas en avant du centre de cette assemblée, voyez-vous cette forge flambante, ces fers rougis à son feu, et cet homme qui semble un démon, tout de rouge habillé ? C'est le forgeron du diable ; c'est celui qui fait rougir les fers portant les initiales de chaque propriétaire, dont les veaux tout à l'heure souffriront la douloureuse empreinte. Et, là-bas, là-bas, comme une masse noire, se détache un immense troupeau de bœufs, dont les cornes, à cette distance, ressemblent à une forêt desséchée qui s'avance sous le souffle d'un ouragan. Elle est flanquée d'un nombre considérable de cavaliers armés du classique trident, et montés sur ces petits chevaux camargues dont le type se conserve dans sa pureté depuis leur introduction dans ces contrées par l'invasion des Sarrasins. Le plus grand nombre sont des cavaliers amateurs, amenés dans ces plaines par le désir de prendre une part brillante au spectacle ; mais les classiques chevaliers, ceux qui sont chargés du soin de diriger la fête et de conduire les bouvillons sous le fer du marqueur, ce sont les *gardians*, dont nous avons précédemment esquissé la sauvage figure. Sous leur habile direction et leur puissante coopération, tout ce groupe s'efforce à serrer les flancs du troupeau afin de faire ce qu'on appelle le *triage*, c'est-à-dire isoler les taureaux de la deuxième année et les poursuivre jusques vers le fer qui doit les *ferrer*. Il faut entendre en ce moment les beuglements de la troupe ! Les vaches ont compris qu'on leur enlevait leur progéniture. Les jeunes veaux, avec l'instinct naturel à ces bêtes, résistent pour se détacher de la famille. Celle-ci est en complète révolution. Mais les gardiens et les amateurs poussent hardiment leur pointe. Le jeune animal finit par être séparé. Alors, soit par les coups du trident, soit en lui coupant toutes les lignes qui pourraient le ramener vers le centre, il est poussé dans la plaine, poursuivi, contourné. Il est de bonne guerre, et c'est un moyen stratégique indispensable et recommandé, de fatiguer rudement la jeune bête avant de la conduire au sacrificateur. Quand ce moment est venu, on la pousse plus vigoureusement vers un groupe qui l'attend de pied ferme Le *palusin* arrive essoufflé, baisse les cornes pour saisir l'ennemi qui le provoque. Celui-ci, appelant à son aide l'adresse plutôt que la force, le prend aux cornes habilement ; de la droite prenant la droite, et de l'autre la corne gauche ; puis, se raidissant avec force contre la tête de l'animal, il le pousse de son genou, et après peu d'efforts, le fait rouler sur l'herbe de la prairie. Son premier soin est de lui planter une corne en terre. A ce moment les fanfares et les bravos éclatent ; d'autres combattants s'approchent pour contenir vigoureusement le jeune taureau. Alors l'exterminateur arrive avec son fer rougi à blanc, et l'imprime sans pitié sur une des hanches du pauvre vaincu. Il arrive quelquefois que, pour faire honneur à une dame, on lui met aux mains la marque de la *ferrado*, afin qu'elle applique sa blanche main cette ineffaçable et brûlant poinçon. C'est rare. Quand l'opération est finie, chacun s'enfuit prudemment. Alors le vaincu se relève tout ahuri, et court vers le troupeau porter à sa mère ses plaintes et ses gémissements. Après l'un, c'est l'autre, et de la même façon dans une même journée. On timbre ainsi deux cents jeunes bœufs, qui peuvent dès ce moment aller en sûreté paître et grandir parmi les marécages qui les ont vus naître. Leurs papiers ont été visés...

Ces sortes de fêtes, qui se renouvellent ainsi tous

les ans, ont le privilège d'émouvoir au suprême degré et d'animer toutes les populations de ces contrées. Elles se lient à leur caractère hardi, plein d'audace et d'entrain ; elles entretiennent parmi les hommes cette vigueur et cette trempe nécessaires pour les travaux de l'agriculture. Tout à l'heure, parmi les moyens que nous voulons indiquer, soit pour l'amélioration des terres vagues et des steppes sablonneuses qui sont au bord de la mer, soit pour tempérer la rudesse des courses de taureaux aussi nuisibles aux hommes qu'aux bêtes, nous tracerons, pour les économistes et les amis de l'humanité, de nouveaux plans qui ne seraient ni sans profit ni sans utilité. Vis-à vis ces réformes que la civilisation et le progrès doivent forcément amener, nous aimerons, en faveur de toutes ces créatures de Dieu, de prendre pour épigraphe cette devise d'un philosophe célèbre : *Miseris succurrere disco....* Heureux si, dans notre tâche, nous pouvons éveiller la sollicitude des puissants et l'appui de l'autorité.

Voilà donc cette sauvage famille de nouveau réunie, de nouveau sous la salutaire influence de l'air des champs et de la liberté, paissant au milieu de ces marécages, s'engraissant, beuglant, multipliant au profit d'elle-même, et n'accordant qu'un mince tribut au travail du monde. L'homme n'a-t-il donc rien de plus à lui demander que de sauvages luttes ou de sanglantes récréations ? Ne vient-il l'approcher que pour la martyriser, la torturer, et faire couler son sang pour l'amusement de la multitude ?

Les travaux auxquels on applique ces innombrables troupeaux sont en effet bien bornés. Ce n'est que fort tard, et lorsque devenu vieux, le taureau ne peut plus décemment se présenter aux luttes, qu'on le subjugue, qu'on le façonne, et qu'il est soumis à tracer un difficile sillon. Nous dirons en son lieu de quelle singulière façon. En attendant, il trône au milieu des marais dont il est le maître ; il se mêle aux nombreux troupeaux de chevaux camargues dont il est l'éternel compagnon; il s'humanise presque avec ses gardiens, devenus souvent plus sauvages que lui ; bref, il multiplie si bien dans ces heureux pâturages, qu'on peut, sans exagérer, porter le nombre de ces animaux, nous ne dirons pas inutiles, mais inemployés, à plus de trente mille têtes.

En effet, depuis les plaines arides de la Crau, vaste pays inutile au-dessous de la ville d'Arles, et dont nous donnerons la topographie, jusque au-dessous des immenses marais qui vont jusqu'à Aiguesmortes, traversant ainsi toute l'île de la Camargue, les marais de Saint Gilles, de Vauvert, d'Aimargues, du Cailar, il y a de si nombreux troupeaux qu'on ne peut traverser le pays sans les trouver partout sous ses pas. Ils sont là qui beuglent, multiplient sous l'abri du soleil et du firmament, ne connaissant aucun gîte, perdant leur lait, leur fumier, et ne relevant que d'eux-mêmes. Il faut le dire, les plaines qu'ils fréquentent sont la plupart communales, avec des réserves de paccage au profit des gros tenanciers ; ce qui est cause que ceux-ci,

par eux-mêmes ou leurs fermiers, ne mettent qu'en seconde ligne les profits qu'ils pourraient en faire. Aussi, nous voyons des domaines d'une superficie assez bornée, d'un terrain peu productif et marécageux, s'affermer à des prix hors de proportion avec les revenus territoriaux. C'est que les fermiers comptent bien plus sur le produit *infaillible* qui leur revient de la location des taureaux aux fêtes publiques, que sur tout autre. Il arriva même, qu'une fois, entre autres, un préfet du Gard ayant pris un arrêté qui défendait les courses de taureaux et voulant énergiquement le faire exécuter, les propriétaires, qui étaient des espèces de gros seigneurs sous le règne de Louis-Philippe, eurent assez d'influence pour le faire rapporter. Leur intérêt passait avant celui de l'humanité. N'était-ce pas juste ? Nous avons plus de vigueur aujourd'hui, et surtout nous connaissons davantage tout ce qui se rattache à l'économie publique dont les nouveaux systèmes pourraient faire changer au profit de l'agriculture et du recpect des animaux ces fêtes sauvages, qui sont un contre-sens à notre époque. Nous espérons le démontrer tout à l'heure.

Et pendant la mauvaise saison, c'est-à-dire, dans nos contrées, depuis le mois de novembre jusques au mois d'avril, le soin de ces nombreux troupeaux est confié à ces rudes pasteurs qu'on appelle *gardians*. Tous ces nombreux animaux paissent maigrement parmi ces prairies marécageuses, qui leur offrent alors peu d'herbages. Ils vont des steppes du Daladel, vieux manoir des anciens chevaliers de

Malte, jusqu'aux rivages de la mer. Ils sont paisibles, faciles à conduire, ils reconnaissent même ceux qui les gardent. Un simple geste de leur part suffit presque toujours pour les ramener, s'ils tentent de s'éloigner. Un trait particulier de leurs mœurs, dont ne s'est point occupé M. de Buffon, est piquant à connaître. Parmi ces vastes solitudes, il arrive quelquefois qu'un de ces animaux y meurt, laissant au temps, à la pluie, à l'intempérie des saisons, le soin de dépouiller sa carcasse. Quand le troupeau revient de ses autres pacages, un des premiers taureaux, avisant ces os dépouillés, s'en approche, les flaire, et levant la tête en l'air, il fait entendre comme un mugissement douloureux. Tout le troupeau suit successivement et par instinct son exemple, et chacune de ces pauvres bêtes à son tour fait retentir le désert de ses gémissements. C'est alors un concert formidable de pleurs, de cris et de lamentations. Nous donnerons dans le courant de cet opuscule plus d'une preuve curieuse de leur intelligence et de leurs merveilleux instincts.

IV

Mais le printemps est venu troubler de si douces habitudes. Adieu pour longtemps cette mollesse de mœurs, cette tranquille sauvagerie, ces jeux de la prairie, cette existence paresseuse, sans chagrin ni remords. L'homme veut assouplir la bête à son plaisir ; il vient la chercher pour la vaincre, la brutaliser, l'immoler, se réjouir de son sang. Il vient choisir ses victimes pour amuser la foule dans une course de taureaux, car il y a fête dans le village voisin. Entendez-vous, il y a fête, et tout serait incomplet, rien ne réjouirait, tout serait pâle et triste s'il n'était pas permis aux naïfs villageois de jouir du spectacle stupide d'une course de taureaux. Ce goût, bien qu'il soit aujourd'hui bien modifié dans nos campagnes, date d'une longue origine. Avant que la civilisation et les progrès des arts eussent amené dans les masses des habitudes plus douces, c'était parmi les habitants du village, non pas un goût prononcé, ce serait trop peu dire, mais une véritable passion, ma foi ! disons le mot, une passion effrénée, réminiscence un peu vulgaire des spectacles romains, lorsque la plèbe impatiente appelait pour se réjouir les gladiateurs et les bêtes... Aussi, lorsque arrive le jour si impatiemment attendu de la course, c'est d'abord un empressement de la part de tous pour amener leurs charrettes et leurs tombereaux afin de former le cirque dans lequel la lutte doit avoir lieu. Puis, bien longtemps avant leur arrivée, quelques individus d'abord, *afficionados* enragés, ensuite quelques groupes, enfin toute la cantonnade s'avançant au devant des taureaux. C'est que leur entrée dans le cirque passe pour le plus piquant de la fête. Il y a déjà longtemps, bien avant le jour, que les plus valeureux, les jeunes gens, les loustics du village, les chevaliers, si vous voulez, sont partis pour les marais, montés sur leur camargot, armés du classique trident Ils vont se joindre aux gardiens chargés d'amener cinq ou six taureaux, noire escouade qui ne coûte pas moins de 5 ou 600 fr. pour sa location, soit 100 fr. pour chaque bête, à peu près la valeur de son capital.

Et, néanmoins, c'est un spectacle émouvant que la réunion de cette compagnie, au milieu des marécages de la prairie. Il fait beau temps ; le soleil du matin éclaire déjà les cimes des saules ; il arrive même quelquefois que c'est aux premières lueurs de l'aurore que la première attaque va commencer. Le troupeau des bœufs est bientôt cerné par ces nombreux cavaliers avides d'émotions, impatients dans leur courage d'un coup de lance loyalement appliqué. Peu à peu on serre les bêtes ; les gardiens désignent la première qu'il faut d'abord en détacher. Toute leur bande dans son étonnement lève la tête devant l'ennemi, et de temps à autre fait retentir ces solitudes d'un mugissement prolongé. Mais déjà les cavaliers ont connu la bête indiquée, dirons-nous la victime signalée. Elle est pressée, piquée par les tridents, toujours courbés sur elle; puis, au milieu des chevaux vainqueurs, triomphalement conduite à l'extrémité de la prairie, où elle attendra ses nouveaux compagnons d'infortune. La lutte et le triage recommencent de tous les côtés dans la prairie ; ce ne sont que chevauchées, courses rapides contre les taureaux, défense vigoureuse de leur part, échange multiplié de coups de cornes et de coups de tridents. Bref, continuelle poursuite contre les plus beaux de la troupe désignés pour la course attendue. Enfin, ils sont tous réunis, là-bas, au bout du marais, et tandis que le corps d'armée séparé de ces infortunés compagnons reprend ses habitudes, ceux-ci, rapidement et prestement entourés par les gardiens et les cavaliers, sont conduits sous leur escorte jusqu'à la nouvelle arène qui les attend. Ces pauvres animaux, entourés ainsi de lances et des bâtons, semblent avoir perdu leur audace et leur agilité. Ils marchent paisiblement comme des vaincus parmi des chemins bien nouveaux pour eux, courbant la tête et pressentant peut-être les affreux traitements qui les attendent. Seulement, si quelque éclaircie se fait dans les rangs de leur escorte, si dans un carré, quelque fondrière ou difficile pas, les chevaux ne tiennent pas la distance, alerte ! l'un des taureaux prend la fuite, et la troupe entière risque de s'échapper. Voilà de nouvelles courses, de nouvelles distances à parcourir, de nouveaux tournois. Mais d'ordinaire, le fugitif est bientôt rattrapé. Les amateurs ne sont pas même fâchés de cette nouvelle occasion offerte à leur courage comme à leur adresse. Voilà de nouveau toute la bande réunie. Nous approchons du village, et déjà des hourrahs nombreux, des acclamations de joie de la part des curieux signalent leur arrivée. On salue les héros et les acteurs de la fête ; le tambourin et le hautbois fêtent leur venue. C'est un vacarme, un mouvement des plus animés jusqu'au moment où la porte du toril s'ouvre grande et convieuse pour recevoir et momentanément abriter ces hôtes nouveaux. La fête aura donc lieu ; de nouveaux martyrs se préparent tant pour les hommes que pour les animaux. Mais les trépignements de la foule pour les uns, les lauriers, les bandelettes et les rubans pour les autres, dissimuleront le sang et le deuil Il n'y aura que fête et plaisir. Et, pourtant, il est peu de courses, et j'en ai vu beaucoup, qui ne soient attristées du sang de quelque champion, du deuil d'une famille ou d'une grave blessure. Nous le dirons plus bas. Quant aux pauvres bœufs, en thèse générale, ils sont assommés, meurtris, bâtonnés, laissés sur le carreau.

Aussi, nous sommes bien loin de l'avis de Théophile Gautier, qui prétend, dans son *Voyage en Espagne*, que ces courses sont un progrès pour la civilisation. Sans doute le brillant écrivain fut séduit par le courage des *toreros* et le *salero* des *manolas* madrilènes. Nos réunions de ce genre n'ont point la majestés des spectacles espagnols. Elles sont gracieuses pourtant, il faut le dire, et leur ensemble mériterait d'être vu, si l'humanité n'avait pas tant à souffrir. Voyez autour de ces amphithéâtres et ces gradins improvisés, sur ces tréteaux et ces charrettes entrelacés, comme s'étale cette foule brillante, insoucieuse, aux rires contagieux. Le plaisir et la joie rayonnent sur tous les visages. Les lazzis et les gais propos volent de bouche en bouche. Les jeunes filles, les dames, tout le beau sexe, rivalisent de grâce, de parure et de coquetterie. On dirait les Romains ressuscités, attendant les gladiateurs, ou bien une ruche de gais oiselets échappés de leur nichée. De tous côtés s'échangent les galants propos, les douces paroles, les piquantes provocations.

Les oranges, les papillotes, les pommes ou les raisins sont offerts sur chaque estrade. Les fanfares se mêlent aux mille cris de la multitude, tandis qu'au-dessous des spectateurs, bien au milieu du cirque, presqu'à la porte du toril, des contredanses sont organisées, des polkas s'exécutent au son d'une musique entraînante, jusqu'au moment où les cris de la foule annoncent la sortie du premier taureau. Tout disparaît en un clin-d'œil comme un vol de palombes au-devant du chasseur. Le vide se fait dans l'espace; il n'y reste que quelques groupes de jeunes amateurs, hardis, vigoureux, armés d'un bâton, attendant la bête pour se mesurer avec elle. La porte de l'étable est enfin ouverte, et du fond sombre de l'écurie se précipite en plein soleil un jeune taureau à l'œil vif, à la tête alerte, aux cornes aiguës. Il est petit, comme ils le sont tous ; il est noir et luisant, ses jambes sont nerveuses, et son fanon largement déployé annonce la vigueur. Sur le milieu du front, entre ses deux cornes, brille un nœud de rubans, qui doit être le prix du plus courageux ou du plus habile. Il se précipite, cherchant un ennemi, et déjà les fanfares des hautbois ont salué sa magnifique entrée. Lui, cependant s'arrête tout court, comme ébloui, et semble chercher un combattant parmi ceux qui le bravent. On le nargue bientôt, on le provoque. Hélas ! on le hue Mais lui, avisant tout d'un coup l'imprudent qui le défie, se précipite sur lui en plein galop ; il échappe Mais pendant qu'il s'est fait un refuge derrière les tréteaux, un groupe se reforme sur ses derrières pour le harceler de nouveau.

L'animal, oublieux de sa première proie, tourne d'une autre côté sa furie. Alors les bâtons et les coups de lance tombent sur lui dru comme grêle. Parfois, il semble s'obstiner à poursuivre un fuyard trop téméraire. Mais un défaut de terrain, un arbre, une traverse, le mettent bientot à l'abri. Le taureau, ne rencontrant pas même une ombre, s'arrête piteusement et revient sur ses pas. Il semble honteux de s'être laissé prendre au piége. A mesure qu'il est plus vivement attaqué, plus serré par ses ennemis, son impuissance à se défendre ou à saisir quelqu'un semble l'irriter davantage. Ses flancs se soulèvent, son mufle noir blanchit d'écume ; il trépigne, lance de tous cotés des regards flamboyants, et de ses pieds soulève la poussière du cirque. C'est le beau moment de la lutte, car alors sa colère excite de plus en plus l'élan des lutteurs. Des banderolles provoquantes sont exposées à ses yeux. La musique renouvelle ses excitations. Il lève la tête, mugit de colère sous le sentiment de son impuissance ; mais bientôt, saisi traitreusement par la queue, il est honni par la foule, livré sans merci à d'ignominieuses bastonnades, couché quelquefois sur le flanc et trainé jusqu'à la porte de son toril, aux trépignements de la multitude. Sa cocarde n'a pas été défendue. Dans cet état, on en a vu quelques-uns verser de grosses larmes... Après un entr'acte, toujours fort court, un nouveau combattant vient de s'élancer dans l'arène Celui ci, vif, impétueux, bien pris dans ses formes, se précipite à l'attaque avec une rapidité de mauvais augure. Il vengera peut-être les ignominies de son prédécesseur. Bientôt, en effet, le vide se fait autour de ses évolutions ; il piétine nerveusement le sol; son regard assuré cherche partout un ennemi, une victime ; aucun n'ose l'attaquer. Pourtant, l'un des plus hardis, se croyant abrité par une distance assez éloignée, le provoque de nouveau du geste et de la voix... Malheureux !.. la bête l'avise. En deux bonds, il est prêt à l'atteindre. Il fuit encore, offrant une prise facile aux cornes de l'animal... Il fuit comme la peur... Mais, hélas ! un cri terrible s'élève du milieu de cette assemblée ; des cris de femmes surtout dominent cette poignante émotion. Le bœuf, au troisième bond, a saisi l'imprudent sur ses derrières; ses cornes aiguës ont pénétré ses chairs; il l'emporte et le promène au-dessus de sa tête. Il est littéralement empalé. Ah ! frémissons !... Pendant que la bête fait ainsi l'exhibition de sa victime, d'autres hommes courageux l'ont abordée, non point pour l'ataquer encore, mais pour relever le malheureux gisant sur le sol dans une mare de sang, pendant que de légers athlètes ont attiré le brutal camargue vers un autre point de l'arène.

Il faut donc à ce minotaure des chevaliers plus expérimentés; il faut une vengeance à ce deuil inattendu, à ce jeune sang qui mouille le sol. Voici de plus terribles toréadors. Ce sont deux gardiens armés de leurs tridents qui viennent ensemble affronter la bête. Tous deux sont dans la plénitude des forces de l'homme : vigoureux, alertes, énergiques. Ils ont surtout l'expérience de l'animal qu'ils viennent combattre. Ils s'avancent sur lui d'un pas égal et mesuré, l'œil sur son œil, tenant leur arme fortement assurée contre la hanche, à courte distance de leurs corps. Leur trident n'est qu'un long bâton durci au feu, surmonté d'une fourchette en fer à trois dents, dont la longueur est d'environ un pouce. En pénétrant le corps de l'animal, il ne peut occasionner ainsi que des blessures peu profondes. Et nos deux champions continuent à s'avancer. Toute l'assemblée reste haletante et muette en attendant l'issue de ce combat. Le sauvage animal, vis-à-vis l'audace de leur approche, reste d'abord étonné. Puis, à mesure qu'il les voit s'avancer davantage, il baisse la tête d'une façon menaçante, mugit, piétine, prend son élan, et se précipite. Mais le choc puissant de la bête est vigoureusement soutenu. Ses deux adversaires, pleins de courage et de sang-froid, ont planté sur son mufle les pointes de leur trident. Le sang en jaillit à flots ; la bête irritée reconnaît de suite la supériorité de ses ennemis : elle s'enfuit. Et la foule applaudit, et les fanfares de la musique célèbrent cette estocade de leurs airs les plus retentissants. La victoire a promptement effacé les souvenirs du pauvre meurtri.

Dans cette joûte terrible où les combattants risquent simplement leur vie, tout ne se passe pas toujours de cette glorieuse façon. Il arrive quelquefois, lorsque ce sont des joûteurs inexpérimentés qui s'y présentent, qu'ils perdent le sang-froid, la plus essentielle des qualités pour cette lutte, appliquent mal leur coup, ou que le bâton du trident se brise sous la violence du choc. Alors ce sont des désastres affreux, des hommes tués sur place, de lamentables acclamations, de nouveaux deuils, du sang... Ce qui n'empêche pas un autre acteur de se présenter sur la scène, après la retraite de celui-ci, et de s'offrir en holocauste aux vengeances comme aux sifflets d'un parterre irrité. En effet, ce nouveau taureau a fait son entrée d'un air béat et d'une façon tout à fait débonnaire. Il est porteur d'une physionomie tout à fait rassurante Il regarde comme un air de connaissance tous ceux qui le provoquent sans merci. A tous les outrages qui le poursuivent, il ne répond que par d'insignifiants mouvements de tête, comme pour dire à ses provocateurs : Laissez-moi donc tranquille ! Puis, après une poursuite honteuse, il se dirige obstinément au petit trot vers un angle du champ de course, en bravant les tempêtes, les attaques, les sifflets, les hourrahs, et se met pacifiquement à brouter quelques brins d'herbe à la barbe des Athéniens. Pauvre bête ! Aussi, bientôt assailli par une foule insolente, il est sans merci bâtonné, humilié, et reconduit moitié mourant jusqu'à son étable.

En rappelant toutes ces phases, toutes ces variations et les tristes péripéties des courses, nous avons surtout à cœur de faire connaître autant la brutalité dont les taureaux sont l'objet, que leur nature, leurs mœurs, leur intelligence. En appelant sur ces jeux une réforme dont nous proposerons le plan tout à l'heure, nous aurons à cœur de démontrer qu'il ne serait nullement difficile d'apprivoiser leur sauvagerie et de les rendre propres en tous points au service de l'homme et de l'agriculture Certes , on voyait bien, dans l'antique Rome, des tigres et des lions conduisant timidement les consuls au forum. De nos jours, sous nos yeux, ne voyons nous pas domptés les carnassiers réputés les plus indomptables ? Pourquoi la race bovine de nos marais ne pourrait-elle être aussi bien façonnée ? Plus qu'on ne croit , elle en est susceptible sur tous les points Écoutez-en ce nouvel exemple :

Dans une course du genre qui se fit, il y a peu d'années, dans la petite ville de Saint-Gilles, un camargue terrible avait bondi sur la scène. Il était leste, avivé , mutin , ne souffrait aucune impertinence , et tenait à distance tous ceux qui tentaient de l'attaquer. Il le fallait pourtant. Nos lutteurs eussent rougi de reculer devant son audace Mais déjà l'un deux avait été brutalement roulé sur l'arène ; un autre avait été piétiné ; un dernier , saisi par ses cornes, courait de grands risques , lorsque le commissaire de police (noble nature !) , ignorant de ces combats , mais devant la stupeur publique , ne prenant conseil que de son courage , se présente pour faire lâcher prise au terrible animal. Il put lui arracher sa victime et la sauver d'une mort imminente. Mais la bête restait maîtresse du champ de bataille. Aucun n'osait plus l'aborder. Le terrible taureau mugissait, piétinait , bondissait , jetant l'alarme au milieu de cette tumultueuse assemblée.

En ce moment, un spectacle bien inattendu vint ébahir toute la multitude ; au milieu de l'arène vide de tous combattants, on vit s'avancer au devant du taureau une jeune provençale, belle, hardie, gracieusement et vigoureusement découplée, tenant en ses mains une écuelle de bois dans laquelle on apercevait du son détrempé. Sans la moindre hésitation, elle approche de l'animal, l'appelle d'un nom familier, en présentant le baquet à sa bouche. O stupéfaction ! ô surprise ! celui-ci reconnaît la fermière qui l'avait nourri et caressé durant son jeune âge ; il s'en approche à son tour avec une reconnaissance marquée, accepte sans façon le rafraîchissement qu'une main amie vient lui offrir, et n'hésite pas à la suivre jusqu'à la porte du toril, dans lequel il est enfermé. Cette nouvelle *Maldonata* fut chaleureusement acclamée. C'était une fermière de la Camargue.

Il est peu de courses qui n'offrent aux discussions des *affrionados* provençaux des traits d'intelligence de la part de ces singuliers animaux. Afin de terminer leur martyrologe, et avant d'aborder les courses landaises, qui ont un caractère particulier, nous croyons utile à la thèse que nous défendons de rappeler une course à la façon espagnole qui se fit à Nîmes, à la dernière exposition. C'était au mois de mai de l'an de grâce 1863. Ce sera une variation de plus dans les affreux traitements infligés à ces pauvres bêtes.

V

Ce jour-là, la ville qui avait fait venir à grands frais des lutteurs espagnols, se gonfle de bonne heure d'un nombre infini de visiteurs. De tous côtés les chemins de fer, les diligences, les chariots des campagnards, inondèrent ses boulevards et ses rues d'une foule impatiente des fêtes nouvelles et des jeux promis Qu'est-ce donc qui agite cette population tumultueuse ? Le citadin comme le villageois, les gandins comme les commis, la brune grisette comme la grande dame, tous se précipitent vers un antique monument dont les portiques nombreux sont assiégés. Veulent-ils renouveler ces avidités de la plèbe romaine, vulgaire profane qui s'écriait : *Panem et circenses ?* C'est un cirque romain aussi qui les convie, ce sont les arènes, l'amphithéâtre d'Antonin, vieux souvenir de l'antique Rome, jadis scène sanglante où les martyrs chrétiens, sacrifiés aux bêtes, scellaient de leur sang leur nouvelle foi.

Par des degrés obscurs, sous des voûtes antiques,
Chacun monte avec peine au sommet des portiques ;
Là, nos yeux étonnés promènent leurs regards
Sur les restes pompeux du faste des Césars.
Nous contemplons l'enceinte où l'arène souillée
Par tout le sang humain dont elle fut mouillée,
Vit tant de fois ce peuple ordonner le trépas
Du combattant vaincu qui lui tendait les bras.
Quoi ! dis-je, c'est ici, sur cette même pierre
Qu'ont épargnée les ans, la vengeance et la guerre,
Que ce sexe si cher aux restes des mortels,
Ornement adoré de ces jeux criminels,
Venait d'un front serein et de meurtres avide
Savourer à loisir un spectacle homicide.

C'est dans ce triste lieu qu'une jeune beauté,
Ne respirant ailleurs qu'amour et volupté,
Par le geste fatal de sa main renversée,
Déclarait sans pitié sa barbare pensée,
Et conduisait de l'œil le poignard suspendu
Dans le flanc du captif à ses pieds étendu.

Ces souvenirs, rappelés par les vers de Lefranc de Pompignan, peuvent bien s'appliquer en partie au spectacle qui se prépare C'est la course de taureaux à la façon espagnole qui soulève en ce moment les émotions de la multitude. Si quelque chevalier de la Rome païenne se fût alors relevé de son tombeau, il aurait cru venir assister à quelque infernal hécatombe. Il aurait vu le revers de la médaille et les rôles intervertis. Cette assemblée bruyante, qui se dispose à voir couler le sang, ce sont des chrétiens ; et les martyrs dont on attend le sacrifice, de méchants et de stupides bestiaux. Quelle fête !

Là, sur les gradins ruinés de l'antique édifice se pavanent et s'étalent commodément trente mille spectateurs pour le moins : bariolés, attifés, crinolinisés, plus ou moins gantés. On dirait un jardin humain émaillé des fleurs les plus variées. Sur les combles de l'édifice, entre les pierres détruites, sous les portiques ruinés, autour des attiques, partout où un édifice peut offrir encore une place, on voit une foule pressée, rieuse, impatiente, qui couvre de ses longs replis toutes les ruines du monument. Ah ! c'est, il faut bien le dire, un coup d'œil ravissant, admirable, dont la ville de Nîmes seule peut avoir le privilége. Des banderolles aux plus joyeuses couleurs flottent autour de l'enceinte et jusque sur les points les plus culminants. L'oriflamme national remplace avec orgueil l'antique *velarium*. Vis-à-vis le toril, là-bas, vers le côté du nord qu'incendia Charles Martel pour en chasser les Arabes, s'élèvent deux drapeaux aux couleurs espagnoles, couleur nationale des chevaliers du tournoi, en même temps qu'elle est provoquante pour les ennemis qui doivent combattre. De temps à autre, quelques-uns des combattants se présentent aux portes, eux aussi, impatients du combat. Alors, un immense hourrah s'élève du milieu de la foule, soit pour les saluer, soit pour témoigner son fébrile désir de voir tomber les barrières. Pour calmer tant d'ardeurs, on entend par intervales la musique répéter quelques intermèdes de la vieille Espagne : *boleros*, *sevillanos*, *aragoneses*, souvenir des courses de Madrid, qui flattent certainement et chatouillent le cœur des *torenas*. Mais, enfin, à plusieurs reprises, le canon se fait entendre. Sa voix tonnante sert de prélude au combat ; la lice va s'ouvrir. Toute cette foule, tout à l'heure si bruyante, si tapageuse, se calme par enchantement. Il semble que, pour mieux voir, il faut faire silence. Tous les regards sont fixés vers les portes derrière lesquelles mugissent les jeunes taureaux sortis des pâturages de la Camargue. En ce moment, la plus belle divinité du monde n'obtiendrait pas la faveur d'un regard. Les portes s'agitent, roulent sur leurs gonds, sont ouvertes... Déception ! ah ! ce n'est pas encore le taureau, mais c'est son avant-garde.

Une escouade de chevaliers espagnols, montés sur d'élégants chevaux gris, vêtus eux-mêmes de costumes éblouissants, font leur entrée dans le cirque, précédés d'un alcade, espèce de héraut qui vient proclamer la course Ils font le tour de l'enceinte au milieu des fanfares de leur musique, se présentent devant *l'ayuntamiento* représenté par le préfet, reçoivent les clés du toril, et retournent dans le même ordre au poste d'où ils étaient partis. A ce moment, deux *picadors*, comme deux sentinelles à la porte d'un général, se tiennent à cheval, à côté des portes ; ils sont armés d'une lance. Tout à coup, un jeune taureau s'est précipité dans l'arène. A voir sa brillante allure, son œil farouche, sa vigoureuse ardeur, on croirait qu'il va tout pourfendre. Pauvre bête !... Comme dans les sacrifices anciens, on l'a couvert de rubans et de fleurs. Une large cocarde s'agite sur son épaule. C'est un appeau pour le plus hardi Il avise le premier *picador* ; puis, vis-à-vis de ce redoutable écuyer, il s'arrête un moment comme pour mesurer un téméraire ennemi. Il le toise orgueilleusement, renifle de ses vastes naseaux, frappe le sol de ses jambes nerveuses ; puis il se précipite dans un élan qui lui sera peut-être funeste... Le hardi *picador* détourne lestement son cheval, l'attend ferme sur ses étriers, dirige habilement son coup, l'atteint rudement à l'épaule. Un large filet rouge qui vient rayer la peau de l'animal, sa fuite précipitée, annoncent déjà sa retraite.

Le second *picador* renouvelle bientôt son attaque. Une autre profonde blessure rend le malheureux taureau plus furieux, plus sanglant.

C'est alors que les *chulos* et les *banderillos*, les uns avec la cape rouge, les autres avec les flèches empanachées, tous deux dans un costume éblouissant, avec leurs vestes brodées, leur culottes couleur orange ou garance, arrivent sur lui pour l'exciter ou le piquer davantage. Avec une prestesse incroyable, les *banderillos* lancent sur le cou du taureau des dards entourés de touffes de papier découpe qui pénètrent profondément dans sa chair. Les *chulos* l'inquiètent avec leurs manteaux et leurs trompeuses attaques. L'animal voudrait un ennemi palpable; il ne trouve que l'ombre railleuse d'une désagréable étoffe. Alors son mufle noir se remplit d'écume; dans l'enivrement de sa rage, il donne de violents coups de cornes contre les portes de la *querencia*. La querencia, selon les termes de la tauromachie, est un lieu quelconque de la place que l'animal se choisit pour gite, de la même façon qu'un ennemi acculé choisit un coin pour se défendre. Puis, durant les souffrances qui le tourmentent, levant au ciel sa tête sanglante, il se met à beugler pitoyablement comme pour demander merci à ses cruels adversaires. Menace impuissante, cris superflus, inutile prière! Avez-vous entendu cette musique lamentable qui vient se mêler aux cris de la victime ? On dirait une funèbre symphonie, une annonce de mort, ou le roulement d'un tambour précédant un cortége de deuil. Le son de cette musique, bien connue des raffinés et des *afficionados*, précède toujours l'arrivée du *matador*, qui vient de son adroite épée terminer ce drame émouvant. Le *caballero el Tato*, qui passe pour la *prima spada* d'Espagne, accourt bientôt dans l'arène sous un magnifique costume : veste brodée , bas de soie, escarpins, comme pour un bal. Il porte d'une main un drapeau d'étoffe écarlate que les Espagnols appellent *la muletta* ; de l'autre, il est armé d'une épée à double tranchant, avec une poignée en croix. Il s'approche hardiment de la bête sauvage. Les voilà tous deux en présence, séparés par une distance de quelques pas. Dans ce duel à mort, quel est celui qui va succomber ? Sera ce l'homme, sera-ce le taureau ? L'un n'a pour lui qu'une cuirasse de soie , une arme légère ; l'autre la rage, la force et deux formidables cornes. De quel côté sera la chance ?

En ce moment , parmi ces trente mille spectateurs avides de la dernière scène , vous n'eussiez pas entendu un souffle , une voix ; chacun portait une attention frénétique au combat qui se préparait , à cette lutte suprême entre la force et l'adresse, entre l'esprit et la matière. Bientôt *el Tato* , vis-à vis le camargue en fureur, agite nerveusement sa *muletta* ; il le provoque ainsi, espérant qu'il baissera la tête pour favoriser l'estocade qu'il lui prépare. Le hardi *matador* a visiblement pâli ; on le voit agité d'une terrible angoisse. Il est fier néanmoins, énergique , résolu. Il agite quelquefois son transparent bouclier, tenant toujours sa dague à la hauteur de son ennemi. Le taureau, devant l'audace de son adversaire , se voyant de plus en plus rapproché, s'étonne, regarde, et s'arrête un moment. Il a baissé la tête comme pour s'élancer Mais non ! il frappe seulement la terre de son pied , restant toujours comme immobile et menaçant. Tous deux s'affrontent du regard, tous deux se menacent de leurs gestes Est-ce la peur , brave taureau , qui te rend immobile ? est-ce la surprise devant l'attaque d'un si frêle ennemi ? Enfin , l'homme, fatigué d'une si longue attente, se découvre résolument; il abandonne au vent son étoffe inutile, et plus prompt que la foudre ou l'éclair , il lui plonge son épée entre les deux épaules. Le bœuf est foudroyé; il tombe en poussant un dernier beuglement, ayant sur le dos la poignée de la *spada* fixée jusqu'à la garde.

A Madrid, Séville ou Grenade, un tonnerre d'applaudissements n'eût pas manqué d'éclater en faveur du héros de cette sanglante lutte. Dans la ville française , il faut bien le dire , ce fut comme un silence réprobateur.

La victime gisant à terre parmi des flots de sang est bientôt enlevée par un attelage de mules richement caparaçonnées. On sort du cirque la bête immolée , d'autres lui succèdent au nombre de cinq ; mais les attaques qui suivirent furent bien loin du bonheur de la première. Ce fut une véritable scène de boucherie et d'abattoir. Soit que la *prima spada* eût gardé pour lui seul l'honneur d'avoir tué sa bête du premier coup , soit qu'il y eût découragement de la part des autres *toreros* à cause de la froideur du public , les scènes qui succédèrent furent affreuses et dégoûtantes. Un malheureux camargue ne succomba qu'après plusieurs coups d'épée gauchement appliqués. Aucune des victimes ne succomba qu'après une sanglante agonie. Ce fut hideux. En définitive, il y avait dans le public plus de pitié pour les bêtes assaillies que d'intérêt pour leurs bourreaux. Aussi donna-t-il des marques bruyantes de son improbation, jusqu'au point de siffler les acteurs et de jeter contre eux les chaises du spectacle et une nuée d'oranges. Evidemment, les courses, pour être recherchées d'un grand nombre, ne sont qu'une exception dans le goût général de la société.

VI

Avant de présenter les moyens que nous croyons utiles pour tempérer la férocité de ces jeux, avant d'offrir à l'agriculture de nouveaux systèmes qui pourraient utiliser ces nombreux animaux, il nous faut parcourir de nouveaux pays, de nouvelles landes et faire connaître une autre race de bœufs aussi sauvage, aussi mutine, aussi peu civilisée que la race des bœufs camargues. Nous voulons dire les taureaux des Landes, que nous pourrions avec plus de fondement peut être appeler la race des Pyrénées.

Dans ces départements méridionaux, formés des anciennes provinces du Béarn, du pays de la basse Navarre et du pays des Basques, de l'ancienne Bigorre et de l'Armagnac, il y a, depuis Bayonne jusqu'à Fontarabie, et de ce dernier point, et suivant les côtes de la mer et des Pyrénées, des steppes immenses de landes, de gattis et de bruyères. On peut, sans exagérer, évaluer leur étendue à plus de trois cents mille hectares. Là, parmi ces sables, ces pâturages, ces terriers effondrés, coupés par les gaves, plantés de pin et de liège, tantôt dominés par les pics des montagnes, tantôt ouvrant un large horizon sur l'Océan qui mugit au loin, on voit d'immenses troupeaux de bœufs paissant en liberté sous le ciel. Ceux-là, comme leurs frères de Camargue, ne sont point de la couleur sinistre du noir ; mais, au contraire, leur robe, d'un rouge pâle, semblerait rivaliser avec les couleurs de l'aurore. Quelquefois, pour tempérer cette uniformité, elle est bariolée de quelques lignes blanches qui donneraient un air de candeur à ces animaux, si leur nature ne venait souvent démentir cette trompeuse apparence. Ils paissent tout seuls, à peu près. N'était un petit berger qui semble être là plutôt pour leur tenir compagnie que pour les garder, on s'imaginerait assez volontiers trouver dans leur allure un type gracieux des tableaux de Bergheim. Et, en effet, ils se laissent conduire où l'on veut. Un geste, un coup de fouet, une menace les amène ou les éloigne de la ligne qu'on leur indique ou qu'on leur défend. Ils vont boire aux eaux du Gave Ils rentrent à l'écurie le soir ; ils vont d'un pacage à l'autre aussi facilement que le ferait un troupeau de blanches brebis... Il est facile de comprendre qu'ils sont bien moins indisciplinés que ceux qui paissent aux bords de la

Méditerranée ; que leur nature est bien moins sauvage. Comme des bourgeois paisibles et rangés, ils ont un domicile commode pour y passer l'hivernage. Leurs quartiers sont à l'abri du vent et de la tempête. La litière y est abondante, et de vastes hangars garnis de paille sont pour eux à la fois le dortoir et le réfectoire. On a coutume en hiver de les mettre ainsi à l'abri de la mauvaise saison, et ce n'est que lorsque le printemps est venu qu'ils reprennent la clé des champs et jouissent de leur liberté tout entière.

Malgré cette apparente docilité, ils ne sont aucunement employés aux travaux de l'agriculture ; leur viande, comme leur lait, est à peu près dédaignée. On les regarde, si l'on peut dire ainsi, comme les étalons des jeux et des fêtes ; ils n'ont d'autre spécialité que de servir aux amusements de la foule dans les courses publiques. Leurs fermiers et leurs propriétaires n'ont pu croire jusqu'à présent qu'ils pussent trouver un meilleur produit de ces troupeaux. Une chose singulière et digne de remarque, dans cette race, les mâles ne sont pas les plus irascibles, les plus méchants. Il est même difficile de les exciter Mais, quant aux vaches, qui sont seules choisies pour les courses, elles seraient tout aussi inoffensives, si l'on n'avait soin de leur jeter une corde à la tête avant d'entrer en scène, afin qu'ainsi traînées le désir de la liberté finît par les rendre furieuses et d'un abord excessivement dangereux.

Aussi, quand vient le moment d'aller les arracher

à leur pâturage pour les conduire au cirque, ce ne sont pas les jeux émouvants que nous avons racontés pour le triage des bœufs camargue. C'est presqu'une idylle de Théocrite ou de Virgile, un tableau qui serait délicieusement pastoral, si le dernier trait ne devait pas en être ensanglanté. De bonne heure la prairie, le steppe ou la lande dans laquelle paissent les animaux fait retentir les échos de la vallée du bruit sauvage de la cornemuse des Pyrénées. Là-haut, sur les pics de la montagne ou dans le lointain de la plaine, les bergers se répondent l'un a l'autre par la répétition de leur rude musique. Les gardiens du milieu des pacages leur répondent par des refrains joyeux. Les animaux auxquels on donne cette aubade semblent bientôt comprendre qu'il s'agit pour eux d'une fête. Pauvres animaux! quelle fête!... Ils lèvent la tête, écoutent avec un certain plaisir, une espèce d'intuition; tandis qu'avec douceur, presqu'à l'ombre de son bâton, en lui chantant quelques refrains, le berger expérimenté détache peu à peu du troupeau la demi-douzaine de vaches qui doit servir au spectacle, et les conduit, en compagnie d'une foule d'amateurs, tous armés de bâtons, jusques vers la ligne du chemin qui doit les amener au village.

Ce n'est plus ici cette foule impatiente que nous avons signalée aux courses du Midi, qui se porte au-devant de l'escouade encornée. Non! il n'y a ni cris, ni trépignements, ni sauvages exaltations pour leur souhaiter la bienvenue; mais, au contraire, à l'arrivée comme au départ, on entend ce long vagissesement de la cornemuse auquel les bêtes semblent habituées, qui les conduit tout doucement, au pas ordinaire, comme en triomphe, jusqu'à la porte de leur toril. Le village est en fête. Toute la banlieue, toutes les chaumières de la vallée sont accourues pour assister à la course. Là, nous ne verrons plus ces téméraires attaques, ces estocades vaillantes, ces courageux gardiens et leurs tridents Il n'y aura ni les mugissements effrayants de la victime, ni les hourrahs d'une multitude passionnée; mais, au contraire, l'adresse remplacera le courage, et l'agilité proverbiale des Basques trouvera son application fréquente dans ces nouveaux toréadors, qui s'appellent *les écarteurs*.

La vache est lancée. A-t-on eu la crainte de la voir s'échapper des mains de ses persécuteurs ? Pourquoi cette longue corde qui serre ses cornes ? Pourquoi ce lien importun quelle secoue avec une fébrile impatience ? Ah ! vous dit-on, si vous interrogez les *afficionados* de ces pays, c'est qu'ainsi retenue, la bête est bien plus méchante ; elle s'imagine sans doute qu'on la conduit à l'abattoir, et devient furieuse par sa défense. Si ce n'était cette précaution, vous la verriez aussi paisible qu'au milieu de ses pâturages.

Mais, déjà, dans le milieu du cirque, elle vient d'aviser un insolent ennemi coiffé d'une barrette rouge, ayant les reins troussés d'une ceinture de même couleur, qui la menace et la provoque. D'un bond elle se précipite vers lui. Le Basque est resté debout, impassible, sans armes, une main derrière le dos ; de l'autre, tenant sa provoquante coiffure, il doit être renversé, brisé , piétiné. Mais, ô surprise ! l'homme , d'un seul pied , fait un écart , qui laisse passage à la bête ; et la bête n'ayant saisi qu'une ombre, emportée par son élan , court vers d'autres extrémités du cirque chercher pour sa colère une réalité plus palpable. La lutte, ou plutôt le semblant de lutte , recommence sur nouveaux frais avec les mêmes manœuvres. Cette fois l'habile toréador , pour donner une preuve de plus de son adresse et de son sang-froid , a jeté son béret à terre et l'y maintient d'un seul pied. Sur de nouvelles provocations , la vache est lancée ; son antagoniste , en la voyant venir sur lui , écarte seulement une jambe afin de lui laisser passage , et laisse toujours son pied immobile sur sa coiffure renversée. Une autre variation succède à ses manœuvres si palpitantes d'intérêt : c'est le saut de la perche, jeu plus terrible encore et dont les émotions sont plus poignantes peut-être. Le Basque, armé d'une longue barre de bois, se pose au milieu de l'arène , en provoquant la bête déjà trompée. Celle-ci , toujours alerte , n'hésite pas à se précipiter de nouveau. Au moment d'atteindre son audacieux ennemi, elle a baissé la tête pour le saisir; mais celui ci, plus alerte encore , a posé l'un des bouts de sa perche en terre, et, s'appuyant sur elle de ses deux mains, il a franchi d'un bond le terrible animal , dont l'ébahissement semble égaler la colère. Ces jeux soulèvent toujours dans la foule de frénétiques applaudissements ; non pas que ces luttes et ces lauriers restent toujours immaculés et que le sang et le deuil ne viennent pas quelquefois faner et troubler de telles réjouissances. Les exemples n'en sont pas rares.

Puis, quand ces gladiateurs innocents ont terminé leurs évolutions, qu'ils ont fait suffisamment passer leur ennemi sous leurs fourches caudines, alors la pauvre bête est livrée dédaigneusement aux doublures, espèce de baccilaires renouvelés de l'antique, qui l'attendent pour l'assommer. Ces amateurs de second ordre s'emparent alors de la corde, pressant la bête de leurs cris, de leurs menaces, de leurs bâtons. Elle est bientôt furieuse, hors d'elle-même. De tous côtés elle se précipite, tantôt à droite, tantôt à gauche, sans relâche, sans fin; elle n'y voit plus Comme le cerf aux abois, de grosses larmes coulent de ses yeux; des coups de bâton nombreux et drus comme grêle tombent sur elle, l'assomment, la martyrisent. Ses forces sont à bout, elle tombe au milieu du cirque, faisant entendre de lamentables gémissements. Bientôt, au milieu de la risée publique, elle est traînée, portée jusqu'au toril d'où le plus souvent elle prend le chemin de l'écorchoir plutôt que celui de son heureuse prairie Les mêmes scènes ainsi se renouvellent pour chacune des bêtes dont le rôle est connu d'avance par chacun des spectateurs de cette assemblée

Et pendant que la vache, pendant que cette frétillante femelle est ainsi dévouée aux stupides plaisirs de la foule, le taureau, son paisible mâle, continue les jouissances de son pâturage, ne se doutant pas un moment des infortunes et du martyre de sa compagne de la prairie. Évidemment, pour le soulagement de ces pauvres bêtes, aussi bien que pour l'honneur de l'humanité, il y a de profondes modifications à faire parmi ces jeux irritants et ces hideuses scènes. C'est ainsi que charment leurs fêtes tous les pays basques, tous les villages des Landes, et les villes plus importantes de Pau, Oloron, Orthez et Bayonne.

VII

Depuis les plaines de la Crau, sous la ville d'Arles, jusques au-delà des marais d'Aigues-Mortes; depuis les bords de l'Océan, au point où s'embouche l'Adour, jusques vers les limites des Landes françaises, il existe une quantité de terrains vagues, de sols calcaires, de marais, de gattis, de sols marécageux, dont on peut sans exagération, et d'après le calcul des géographes, porter l'étendue à plus d'un million d'hectares. Ce sont les solitud s, les savanes, les déserts ou les vallées, où se sont réfugiés et vivent ces innombrables taureaux dont nous avons esquissé les mœurs et les habitudes. Ce sol immense, tout-à-fait inexploité, est primitif et vierge; et, depuis la création, l'on peut dire a ec assurance qu'il n'a connu d'autre culture que le piétinement de ses hôtes sauvages ou la visite des eaux de la mer.

La plaine de la Crau, que nous avons citée la première, est une vaste solitude de sept à huit lieues de circuit, toute couverte de cailloux roulés, entre lesquels croît une herbe savoureuse et fine que les moutons mangent avec avidité, et qui donnent à leur chair un goût délicat. Une très-faible partie de ce terrain est seule cultivée, et doit sa fertilité au canal de Craponne, qui le traverse Mais le reste n'est qu'un steppe immense qui vous attriste et dont l'abandon vous serre le cœur. Ces cailloux cuivreux et ferrugineux, couverts d'une teinte rougeâtre, seraient, d'après Aristote, le produit d'un tremblement de terre, qui les eût détaché de quelque montagne voisine. Strabon, au contraire, prétend qu'ils auraient été charriés par la Durance. Quoi qu'il en soit de leur origine, il reste positif que jamais ce sol dédaigné n'aurait été sondé par la charrue. Mais, en ce moment, une étude plus approfondie, ordonnée par le Ministre de l'agriculture et des travaux publics, pourrait bien donner une nouvelle impulsion aux travaux que nous voulons signaler. M. Nadaud de Buffon. ingénieur en chef et professeur d'hydraulique à l'École impériale des ponts et chaussées, après avoir parcouru cette plaine, a reconnu que les quatre-vingt mille hectares des terrains pierreux qui la composent peuvent être facilement et rapidement calmatés par les eaux troubles de la Durance. Ce serait l'une des plus importantes et des plus faciles améliorations territoriales que l'on aurait depuis longtemps réalisées. Le rapport de l'ingénieur est en ce moment entre les mains du ministre.

Au levant de la Crau, et après avoir dépassé le Rhône et la ville d'Arles, se déploient à perte de vue les plaines de la Camargue, île fabuleuse par sa fertilité, et dont le sol et la figure triangulaire rappellent doublement aux géographes le delta célèbre du Nil. Limitée par les deux bras du Rhône et la mer, elle porte une étendue d'environ trente lieues carrées, dont la plus grande partie est habilement défrichée, mais dont la partie basse, celle qui s'étend vers la mer, n'est composée que de steppes sablonneux, ne pouvant offrir qu'une mince pitance aux descendants sauvages d'Apis. Dans la zone fertile de ce delta provençal, la propriété se trouve forcément constituée sur des bases plus considérables que dans aucune partie du territoire français. Il y a de nombreuses métairies qui comptent de dix à douze mille hectares d'exploitation, assis sur le même sol. Le Château d'Avignon, par exemple, qui est l'un des tènements les plus étendus de l'île, comptait, il y a peu d'années, une contenance de vingt-cinq mille hectares ainsi resserrés. On a vendu depuis, à la compagnie des Salines, l'immense étang de Vaccarés, pour s'en servir comme d'un réservoir gigantesque, que l'on emplit d'eau de mer. Elle s'y concentre jusqu'à ce qu'elle ait acquis un degré de salure propice. Elle est alors dirigée par des canaux vers les salins où elle est exploitée. Dans cette immense propriété du Château d'Avignon, on compte simultanément près de cent-cinquante charrues, dont quelques-unes, en très petit nombre, sont traînées par nos bœufs camargues. D'ailleurs, tout le restant de l'île est en friche, et ne connaît pour son cultivateur suprême que l'œil immense de Dieu.

Dans cette rapide esquisse d'une contrée qui n'est pas entièrement soumise à l'agriculture, nous avons voulu seulement indiquer combien le sol et la nature des lieux pourraient être aidés en employant au labour la plus grande partie de ces animaux, qui ne viennent parader que pour d'inutiles et dangereux spectacles. Nous reviendrons plus bas sur ce sujet. Ensuite, les marais qui bordent le littoral, depuis Beaucaire jusques à Perpignan, offrent aussi d'immenses étendues qui, livrées à l'exploitation, deviendraient un motif pour d'autres travaux. Une fois, dans ce but, la concession en fut faite par Louis XIV au duc de Montmorency ; plus tard, au duc de Ventadour, qui gouvernaient le Languedoc. Mais, sur l'opposition des communes riveraines, il n'y fut pas donné suite. Les temps ont bien changé! Aujourd'hui les compagnies, avec plus d'espoir de succès, pourraient facilement tenter ce double moyen d'assainissement pour un pays vicié par des eaux stagnantes et d'application aux travaux de l'agriculture des nombreux troupeaux que nous avons signalés. Le fameux étang de Harlem, desséché par une compagnie hollandaise, n'offrait-il pas de plus grandes difficultés ? Et, d'ailleurs, sur cette matière éminemment utile, éminemment intéressante, aucune étude préalable n'a été faite, aucun projet n'a été ni présenté ni discuté. Ne saurait-on le mettre au concours ? Jusqu'aujourd'hui, dans ces pays primitifs, la routine a seule régné sans attaque, et les taureaux indomptés qui ont trouvé les Arabes au xe siècle trônent encore aujourd'hui sur ces plaines en seigneurs suzerains, à l'abri de toutes les révolutions...

Partout, cependant, jusqu'aux points les plus reculés du monde, la civilisation et le progrès apportent leurs bienfaits sur l'agriculture comme sur les animaux. L'Angleterre a soumis au joug les bœufs d'Irlande, réputés longtemps indomptables. En Afrique, on voyait encore, entre le Cap Blanc et Serre-Lionne, sur les montagnes et dans les bois, des vaches sauvages d'une couleur brune, aux cornes acérées. Dans les plaines de Nubie et d'Abyssinie, on comptait d'innombrables troupeaux de bœufs sauvages. Les voyageurs nous apprennent que les naturels du pays ont pu les assouplir à leur usage Seulement, en Arménie et dans la Perse, on n'a pu les dompter encore. Mais dans les provinces de Daguela et de Trêméan, en Afrique, cette race a été vaincue Le drapeau de la France a fini par dompter toutes ces sauvageries. Pourquoi, dans le double intérêt de l'agriculture et de ces pauvres bêtes, si tristement martyrisées, n'arriverait-on pas à modifier un régime brutal indigne de notre époque ? Ce serait un fleuron de plus à la couronne brillante de notre siècle.

VIII

Il ne faut pourtant pas se le dissimuler vis-à-vis du goût prononcé de nos populations méridionales, il y aura de grandes difficultés pour atteindre le but que nous indiquons. Nous n'hésitons pas à le dire, nous croyons en ce moment la suppression complète des courses à peu près impossible ; nous indiquerons seulement le moyen de les modifier, et d'amener plus tard leur entière disparition. Longtemps ces jeux passionnés ont été l'objet de plusieurs attaques de la part de tous les pouvoirs ; ils parurent même si offensants, si contraires à la morale, que la Cour de Rome les condamna publiquement ; il y eut des excommunications prononcées par plusieurs pontifes et contre tous les assistants de cette lutte impie; plusieurs conseils politiques (on appelait ainsi les conseils municipaux avant 1789), entr'autres celui de la ville de Beaucaire, en ont enregistré les Bulles, mais le goût public frondait ces menaces ; la foule se précipitait aux courses avec plus d'ardeur ; on riait en se souvenant que la danse débraillée du *fandango* avait aussi soulevé les foudres du Vatican, et qu'elle n'avait pas été détrônée ; les tournois eux-mêmes, ces magnifiques exercices qui mettaient en relief le courage, la force, la courtoisie et la richesse, n'avaient-ils pas été condamnés par de nombreux conciles ? de nombreux chevaliers, la fine fleur de la noblesse, en avaient été les victimes ; un roi de France y avait succombé : le goût public passait par-dessus, jusques vers des époques où de nouvelles distractions plus en harmonie avec les progrès de l'esprit humain, en eurent effacé les dernières traces. Ce fut vers la fin du XVIe siècle, en 1560. Ainsi tous les obstacles à ces passions tumultueuses étaient renversés ; ainsi toutes les défenses contre les courses de taureaux ne faisaient que rendre plus ardents, plus envenimé ce goût des populations pour ces spectacles sanglants.

Quelques préfets, au commencement du premier Empire, s'opposèrent de toutes leurs forces à ces bruyantes manifestations Ce fut contre leurs arrêtés un soulèvement général, presque une révolution; l'un d'eux néanmoins, M. d'Alphonse, qui a laissé dans le Gard d'honorables souvenirs, maintint énergiquement la mesure prohibitive qu'il avait ordonnée. Alors on vit la foule des villages les plus infimes se précipiter vers les départements où les courses n'étaient point interdites pour y jouir de ce spectacle. Dans l'île de la Camargue, qui semble une espèce de pays neutre, il y eut plus particulièrement qu'ailleurs des courses organisées qui donnèrent à ce plaisir la saveur nouvelle du fruit défendu. D'autres préfets qui lui succédèrent, aussi bien inspirés, voulurent défendre ces jeux qu'on avait repris C'était alors dans les communes rurales interdites un mécontentement, un *tolle* général, une conspiration permanente ; les défenses furent bravées, les autorités insultées ; des compagnies de soldats, envoyées pour maintenir l'ordre, furent forcés de faire feu sur la foule ; dans une commune plus récalcitrante, qui fit ouvrir une course à la barbe des autorités, on fit abattre les taureaux sous le mousquet de la gendarmerie. Rien n'y fit. Les obstacles et les défenses ne faisaient qu'allumer davantage ce goût profond, inné, enraciné dans le populaire. C'était partout comme un incendie rendu plus violent par la compression.

On fit plus encore : sous la Restauration ,

4

pendant que les arrêtés des préfets étaient encore en vigueur, on députa vers le roi quelques personnages importants, de ceux qu'on appelait jadis des *seigneurs*, qui vinrent à la Cour solliciter le rapport de l'ostracisme continu maintenu contre les courses de taureaux. Nous devons dire que ces honorables députés étaient deux fois intéressés dans cette question : d'abord pour caresser l'opinion publique, ensuite parce qu'ils étaient propriétaires eux mêmes de grands troupeaux, et que la suppression des courses avait infiniment diminué leurs fermages Les barrières furent ainsi levées, tous les obstacles renversés ; au nom de la liberté (noble liberté ! comme on abuse de ton nom), les courses recommencèrent, et les hourras de la foule vinrent un beau matin saluer le retour des bannis. La restauration de la course eut l'air d'une victoire. On recommença donc de plus belle, et la foule se précipita comme auparavant dans ces assemblées où le sang des pauvres coursiers était offert en holocauste à la liberté.

Pour peindre d'un dernier trait ce goût passionné des populations méridionales pour ces sanglantes luttes, qu'on nous permette de rappeler la présence d'esprit du maire d'une petite ville assez importante aux alentours de Nîmes. Il y avait élection pour choisir et nommer un conseiller d'arrondissement ; notre honorable magistrat avait ouvert la séance depuis deux heures, et pas l'ombre d'un votant ne se voyait au fond de la salle ; l'écho seul avait répondu au double appel nominal de chaque électeur. Ce fut alors que, pour activer le patriotisme et l'indifférence de ses concitoyens, notre maire fit publier à son de trompe que si les gens ne venaient pas voter, il n'accorderait pas, à la prochaine fête, la permission des courses de taureaux. Demi-heure après cet appel, les portes de l'hôtel-de-ville furent trop étroites. *Et nunc intelligite....*

On doit comprendre par cette esquisse, assurément très-véridique, très-fondée sur l'expérience des hommes et des faits, combien serait difficile la suppression complète des courses. Nous croyons que ce serait en vain qu'on voudrait le tenter ; mais vis-à-vis les vagues soulevées d'une tempête, les habiles navigateurs ont trouvé le moyen de tourner l'ouragan, les médecins savent aussi dorer une pilule trop amère, et les consuls, devant la retraite du peuple au Mont Aventin ont trouvé plus d'une fois des apologues qui devaient tempérer sa révolte. Ajoutons que les économistes, dans une question si nouvelle, feraient certainement éclore de nouveaux systèmes dont profiterait l'humanité tout entière. En indiquant ici les modifications que l'expérience des faits et l'amour du bien public peuvent nous inspirer, peut-être serons-nous accusé de présenter des tableaux fantastiques, de vaguer follement parmi des illusions, — de voyager dans le pays des chimères.... N'importe, ce sera toujours un jalon planté sur une voie nouvelle ; ce sera, dans une route inconnue, l'appel d'un voyageur en détresse. Mais laissera-t-on notre pavillon en berne ? personne ne viendra-t-il répondre à notre voix ? point d'écho pour notre canon d'alarme ? Nous ne le croyons pas : en France, il y a toujours de l'écho lorsqu'on y parle de bien public et d'honneur.....

Parmi les moyens les plus énergiques et les plus prompts qui pourraient, non-seulement modifier les courses, mais les éteindre complètement dans l'avenir, il en est un si simple, si naturel, si facile, que son application serait de suite un tempérament aux appétits désordonnés de la foule; il serait comme une tisane calmante sur un sang irrité ; nous voulons dire la castration des taureaux. Sans qu'il soit nécessaire d'une grande logique ou de longs calculs, on comprend de suite l'importance et l'étendue d'une semblable mesure. Si les propriétaires de ces troupeaux étaient mis dans l'obligation de dompter ainsi des animaux qu'on peut ranger sans les offenser parmi ceux que la loi déclare dangereux, assurément le plus piquant des courses serait de suite enlevé. Que ferait-on d'une bête domptée, plus propre désormais au joug du bouvier qu'à l'attaque du *Torero* ? Sur-le-champ, l'agriculture en obtiendrait de si grands avantages que la société ne saurait qu'y gagner. Ces vastes plaines de la Crau, de la Camargue, ces longs steppes aux bords de la mer, ces landes si désertes, ces sombres vallées des Pyrénées, seraient facilement livrées à la charrue, et l'on ne verrait plus de paresseuses bêtes se pavaner insolemment parmi ces solitudes comme d'inutiles frelons. Facilement alors ils seraient façonnés au joug, tandis qu'aujourd'hui, pour les y soumettre, alors seulement qu'ils sont devenus vieux, il faut de telles précautions et de telles manœuvres, que c'est souvent à désespérer le laboureur. D'abord, il ne faut approcher l'animal qu'en chantant, imitation grotesque d'Orphée qui domptait avec sa lyre les plus sauvages animaux. — Après quelques mélancoliques refrains qu'il semble écouter avec une certaine attention, on lui jette une corde autour des cornes, et le voilà pris ; il saute alors, il s'effarouche ; mais on le calme de nouveau par quelques notes plus ou moins harmonieuses, et crac ! au moment où il semble le plus attentif, on lui jette le joug sur le cou ; il est bientôt serré. Gare alors ! le joug est emporté ; la bête prend une course furibonde ; elle s'éloigne furieusement du sillon indiqué, mais le laboureur n'a pas lâché le manche de la charrue. Bref, quand l'animal a jeté sa gourme, qu'il est fatigué, il le ramène avec plus de facilité sur le terrain qu'il veut défricher. Mais que de peines ! et c'est à recommencer chaque fois que l'heure du travail arrive, c'est-à-dire deux fois la journée. Voilà de quelle façon on soumet à la charrue ce taureau toujours entier, toujours mutin malgré ses poils gris, toujours difficile quand il n'est pas indomptable

L'opération indiquée ne serait aucunement difficile, elle pourrait avoir lieu dans la belle saison, vers le mois de mai, alors que les jeunes taureaux auraient atteint leur deuxième année. Pourquoi n'en ferait-on pas une fête ? Après cette espèce de métamorphose, le taureau devenu bœuf prendrait un développement de forces plus considérable ; il serait plus gros, plus massif, plus propre à l'agriculture, et soumis plus facilement à la puissance de l'homme Ajoutez à ces avantages que sa chair devenue meilleure, et le lait de la femelle plus accessible donneraient encore de nouveaux profits aux fermiers.

Mais cette mesure ne pourrait être applicable et fructueuse qu'autant qu'elle deviendrait une obligation pour les propriétaires de troupeaux. Que si le ministre de l'agriculture et des travaux publics ne jugeait pas cette étude au-dessous de sa noble mission, il pourrait facilement s'édifier de l'immensité des terrains laissés en friche aux lieux que nous avons désignés; connaître les moyens de les soumettre à la culture ; le nombre des bœufs sauvages qui restent inappliqués dans ces contrées ; les accidents, les vanités et la brutalité des courses ; intéresser les communes dans une rénovation de leurs vacants, et de leurs pacages ; créer des compagnies pour les appuyer ; en un mot, à des habitudes de désordres et de routine, substituer des mesures nouvelles qui feraient naître le progrès, l'ordre et la fertilité, où n'ont régné jusqu'à présent que le désert et la solitude. Sur chacune de ces questions, les administrations locales fourniraient d'utiles renseignements qui démontreraient jusqu'à l'évidence l'utilité et l'urgence d'une semblable réforme.

Mais hélas ! un avenir plus ou moins éloigné pourrait seul profiter de ces heureux changements; seul nos petits-fils seraient appelés à recueillir la semence que nous avons jetée. Notre époque si brillante, notre siècle si éminemment civilisateur, seront longtemps encore affligés du spectacle abrutissant de ces courses : les taurophiles à moins qu'en vertu de la liberté des théâtres, une scène nouvelle ne vienne donner un piquant de plus à tous ces descendants de Nabuchodonosor. Est-ce donc si difficile aujourd'hui ?

Ne pourrait on, autant au profit de leur charmante passion qu'au profit de l'agriculture, porter quelque modification à ces jeux ? qui sait ? peut être à des scènes grossières substituer des scènes d'idylle à l'instar de Théocrite ou de Virgile

Un jour, aux bords d'une rivière qui sert de cadre aux vastes prairies où paissent ces noirs animaux, j'eus une vision gracieuse qui pourrait bien compenser la moitié du rêve du ministre de Pharaon, ou la vision de St-Jean dans sa solitude. — Les courses, par ordre des consuls, avaient été bannies des villes, des villages et de tous les lieux habités : elles faisaient un contraste trop marqué avec l'élégance de nos mœurs, avec le goût des populations pour les réunions artistiques et les concerts; il y avait trop de pleurs et de deuil à côté des nobles émotions causées par la victoire. Bref, les courses de taureaux avaient été cantonnées aux lieux seulement où ils paissent ; un cirque avait été formé par des planches et des charrettes, et de joyeuses populations en occupaient toutes les places et tous les gradins. — Mais ce spectacle n'était pas ce qu'il était autrefois : deux taureaux seulement avaient été livrés aux *Toreros* ; les autres avaient été soumis à des épreuves dont profitaient le laboureur et le cavalier. C'était inouï ! Et la musique des tambourins et des hautbois enchantait toute cette assemblée ; et dans les entr'actes, les goûters sur l'herbe fraiche de la prairie venaient donner un attrait de plus à cette bruyante gaîté, à cette églogue renouvelée

IX

Faut-il donc recourir à la fantasmagorie pour indiquer les corrections qui pourraient être faites à d'anciennes habitudes? Faut-il emprunter la forme d'un rêve ou d'un apologue pour amener dans ces luttes les modifications que nous signalons? Nous croyons, du reste, que du songe à la réalité, il n'y aurait que peu de distance, si l'autorité prenait décidément en mains la conduite de ces spectacles nouveaux. Ainsi, plus de courses dans les lieux habités, plus de ces réunions dans lesquelles les trois-quarts de l'assemblée ne sont amenés que par l'habitude ou l'entraînement. Les vrais dilettanti, les *officionados* exaltés, les raffinés, trouveraient dans les courses modifiées un sel de plus à leur appétit; les populations des campagnes seraient curieuses de ces innovations auxquelles elles porteraient leur contingent en riant. Quelques kilomètres de plus à parcourir dans la belle saison seraient un attrait de plus, et certainement les luttes nouvelles deviendraient de suite un pendant aux courses tant aimées de la Marche et des steeple-chase.

Y aurait-il beaucoup à faire pour arriver à ce but? Nous qui connaissons à fond le goût de nos contrées, nous ne le pensons pas. Le plus important serait d'établir des primes pour les lutteurs et les éleveurs qui auraient dompté l'animal d'une certaine façon. Ainsi, soumettre le bœuf au joug en présence de l'assemblée et d'un jury formé pour juger; lui faire tracer plusieurs sillons; le soumettre au commandement, à la voix, ainsi que le ferait un cavalier de son cheval, ou Batty de son tigre et de son lion; le vaincre par d'autres moyens que ceux du bâton, du trident ou de la *spada* : le prendre aux cornes pour l'atteler, soit à la charrette, soit au tilbury, soit à la voiture de luxe; le conduire ainsi dans l'arène; le seller, le monter, le conduire à la façon d'un cheval, voilà des jeux qui soulèveraient justement l'attention de l'assemblée, auxquels on pourrait, à leur escient, appliquer cet aphorisme d'un ancien: *utile dulci*.

Sans doute, les difficultés seraient grandes. L'animal est, dit-on, d'une nature tellement sauvage, d'un caractère si revêche, que ceux qui sont habitués à sa garde le regardent à peu près comme indomptable. Mille et un exemples démentiraient cette opinion, évidemment erronée; dirons-nous ce préjugé? Il nous serait facile, à nous, qui, durant notre jeunesse, avons aussi connu de près ces animaux, d'indiquer quelques moyens propres à dompter la sauvagerie de ces misanthropes. Nous aimons mieux citer quelques pages du moraliste allemand de Wyss, qui, dans son excellent livre du *Robinson suisse*, indique la manière dont furent domptés dans son île le buffle et le taureau Nous serions heureux qu'on pût au moins essayer ce système, et qu'à la place des brutalités sanglantes dont nous sommes témoins et complices, il nous fût permis d'applaudir des scènes plus élégantes, et surtout plus utiles. Du reste, nous aimons à croire que nos lecteurs ne liront pas sans quelque intérêt une esquisse des malheurs et de l'industrie du pauvre naufragé. Voici ce qu'il nous raconte :

« En sortant de cette forêt de roseaux, nous nous » trouvâmes inopinément en présence d'un troupeau » de buffles sauvages, peu nombreux, il est vrai, mais » d'un aspect formidable. A cet aspect, je fus saisi » d'un tel effroi que, sans songer seulement à mettre mon fusil en garde, je demeurai comme pétrifié. J'interrogeai la possibilité de nous échapper, en » nous échappant sans bruit. Quand nos dogues, qui » nous cherchaient, débusquèrent des roseaux d'un » autre côté, nous fîmes nos efforts pour les retenir. A » la vue des buffles, ils s'élancèrent comme des furieux. Il n'y avait plus à reculer, le combat était » engagé. Le troupeau tout entier se leva en poussant » d'horribles mugissements. Les chefs s'avancèrent » en frappant du pied la terre; on la labourait à coups » de cornes. Nos braves chiens ne se laissèrent pas intimider. Ils marchèrent droit à l'ennemi, et, selon leur » manière habituelle d'attaquer, ils se jetèrent sur un » jeune buffle qui se trouvait en avant des autres, » et le saisirent vigoureusement par les oreilles. La » mère de l'animal avait été abattue, mais nos deux » chiens luttaient toujours avec énergie, et je craignis » que, fatigués à la fin, ils ne vinssent à lâcher prise. » Toutefois, je ne savais comment leur porter secours, » car la fureur de l'animal semblait augmenter au » lieu de décroître Il lançait des coups de pied qui rendaient son approche dangereuse. Et pourtant je ne » voulais pas le tuer, dans l'espoir, si nous pouvions » le dompter, qu'il pourrait remplacer notre âne, que » nous n'étions plus tentés d'aller chercher plus loin. » Rudly, mon fils, eut alors l'heureuse idée de se

» servir de sa fronde, qu'il portait toujours avec lui. » Il s'éloigna un peu du buffle, et lança si heureu» sement son lacet, qu'il en lia étroitement les deux » jambes de derrière de l'animal, et réussit ainsi à le » faire tomber. Je m'approchai alors; j'écartai les » chiens et remplaçai la cordelette par un lien plus » solide; après quoi j'en fis autant pour les jambes » de devant. Le pauvre buffle était vaincu. Rudly » criait déjà victoire et se réjouissait de présenter ce » nouveau captif à sa mère et à ses frères. Toutefois » ce n'était pas une chose facile à effectuer, et j'en » cherchai les moyens, quand je me souvins d'un » procédé que les Italiens emploient, dit on, pour » dompter les taureaux sauvages. Je résolus de l'es» sayer, bien qu'il fût un peu cruel Mais la nécessité » nous y obligeait.

» J'attachai d'abord, au pied d'un arbre, la corde » qui tenait les jambes du buffletin, de manière à » empêcher celui-ci de remuer. Je rappelai les deux » chiens, et je rendis sa tête immobile Alors je tirai » mon couteau, qui était pointu et tranchant; j'en » traversai les naseaux du pauvre petit buffle, et fis » glisser dans l'ouverture une corde qui devait me » servir de frein pour gouverner l'animal. (Plus tard » il y substitua un anneau de fer.) L'opération réus» sit, et quand le sang eut cessé de couler, je pris la » corde dont j'avais réuni les deux bouts. Le jeune » buffle, complètement soumis, me suivit sans résis» tance.

(Chap. IV, page 175 et suite.)

. . . .

« Le jour suivant, nous partîmes de grand matin, » afin d'aller redresser nos arbres dans les diverses » plantations où nous les avions établis. Nous char- » geâmes nos pieux de bambous sur le traîneau, ainsi » que des bêches et tout ce qu'il fallait pour cette » opération, et notre vache y fut attelée. Le buffletin » demeura à l'écurie; je voulais que la plaie de ses » naseaux fût bien cicatrisée avant de lui imposer au- » cun travail. Nous lui donnâmes une poignée de sel; » ce qui nous mit si bien dans ses bonnes grâces, que » la pauvre bête, déjà à moitié apprivoisée, voulait » absolument nous suivre. »

(Chap. IV, page 183.)

. . . .

« L'éducation du jeune buffle avait été aussi l'une » de nos principales occupations. A travers l'incision » que je lui avais faite au nez, j'avais passé un petit » bâton, aux deux extrémités duquel j'attachai deux » courroies, ce qui lui faisait un mors, à la manière » des Hottentots, et à l'aide duquel je le gouvernai à » ma fantaisie. Néanmoins, ce ne fut pas sans peine » que l'animal rétif se prêta à nos diverses manœu- » vres. Ce ne fut que lorsque Frédéric, mon plus » jeune fils, l'eut dompté comme monture, que nous » parvînmes à lui faire porter quelques fardeaux. C'é- » tait encore là l'un des triomphes les plus glorieux » de la patience sur des difficultés qui paraissaient » d'abord devoir être insurmontables. Non seule- » ment on amena le jeune buffle à porter les sacco-

» ches de l'âne et d'autres fardeaux, mais Rudly, » Ernest, et jusqu'au petit Fritz, mes trois en- » fants, tous voulurent imiter Frédéric, leur aîné, » et prendre, en domptant le buffletin, des leçons » d'équitation, qui valaient bien celles du manége. » Mes enfants eussent pu désormais aborder sans » crainte le cheval le plus fougueux, car il l'eût été » moins que le jeune buffle, qu'ils avaient fini par » dompter. »

(Chap IV, page 191.)

. . . .

« Cependant maître Rudly, toujours monté sur » son buffle, demandait à grands cris que le con- » cours de l'équitation commençât, tant il avait » hâte de réparer l'échec fait à sa réputation En » selle ! messieurs ! disait-il, en selle ! Et nous » allons voir qui de nous s'entend le mieux à diri- » ger un coursier. Nous allons voir si vous êtes » aussi habiles à vous tenir à cheval qu'à exercer vos » jambes. Frédéric monta l'onagre, et Ernest prit » l'âne. A l'instant où je déclarai la lutte terminée, » nous vîmes, à notre grand étonnement, le petit » Fritz s'élancer dans l'arène, monté sur son jeune » taureau, Vaillant. Ma femme lui avait fait une » selle de peau de kangoura, avec des étriers mesu- » rés à ses petites jambes. Il tenait de la main » droite une badine en guise de cravache blanche, » et de la gauche il ramenait à lui les guides de sa » monture. C'était tout bonnement deux ficelles qui » aboutissaient à l'anneau de fer que j'avais passé

» au nez de l'animal en guise de mors, afin de pou-
» voir le gouverner. »

(Chap. V, pages 235 236, édition Lavigne, 1841.)

ÉPILOGUE.

Ainsi, de nouveaux essais très-facilement appliqués pourraient amener les utiles réformes que nous avons indiquées. Parmi ces plaines immenses de la Palus, des landes ou des prairies, pourquoi ne verrait on pas de nouvelles courses organisées, des concours et des rivalités qui seraient suivis par les populations méridionales avec le même entrain, la même exaltation qu'elles portent aux combats de taureaux ? La nouveauté les entraînerait, et les avantages certains qu'en retirerait l'agriculture finiraient par les faire adopter comme une variante des comices agricoles d'un grand bienfait. Et lorsque les anciens taurophiles, les fanatiques *afficionados* seraient témoins de cette rénovation, peut-être regretteraient-ils moins les jeux sanglants dans lesquels ils furent aussi souvent triomphateurs que victimes. Peut être aussi, dans l'amertume de son regret, ou sous le charme d'un souvenir, le vieux *torero* dirait-il un matin au jeune bouvier : Vos courses et vos réformes ne sont faites que pour les femmes et les enfants. Où est le danger ? où est le sang ? où sont les alarmes ? Ah ! rendez-moi mes frénétiques spectacles dans lesquels le courage était applaudi, où la foule ardente et passionnée témoignait ses émotions pour les trépignements et les cris ; où, devant le taureau que nous avions vaincu, elle accourait joyeuse pour saluer notre triomphe. Qu'importaient quelques gémissements honteux? quel tournoi n'a pas ses alarmes ?

Mais le jeune bouvier : O mon vieux ! ô vétéran suranné ! regarde ces beaux taureaux que nous avons domptés bien plus par la douceur que par le trident et l'épée. Vois-les comme ils sont souples à nos commandements. Nous les montons ; ils portent nos fardeaux ; ils tracent les sillons de nos terres ; à notre voix, ils nous donnent le spectacle de courses moins émouvantes peut-être que les vôtres, mais plus utiles, plus élégantes. C'est un manège nouveau dans lequel nos écuyers témoignent autant de courage et de force que dans vos courses passionnées et sans but Vous êtes le passé, vieux *torero* ; nous sommes, nous, au profit de l'humanité et de l'agriculture, l'étoile de l'avenir. .

Avec l'appui des économistes et des hommes spéciaux qui s'occupent de l'amélioration des races et de la protection qu'on doit aux animaux, espérons qu'un nouveau rayon saura nous éclairer Ainsi notre siècle, avec le patronage d'une bienveillante société, pourra se glorifier d'une conquête de plus, conquête innocente et pacifique qui n'aura coûté ni sang, ni larmes, ni deuil.

FIN

www.ingramcontent.com/pod-product-compliance
Ingram Content Group UK Ltd.
Pitfield, Milton Keynes, MK11 3LW, UK
UKHW020954180726
13838UKWH00003B/1317

9 782329 235257